【CDブック】

実践 阿字観瞑想法

山崎泰廣
Taikō
Yamasaki

春秋社

大宇宙のメッセージを聞こう

悩める人間釈迦は、人の説法や聖典によって悟ったのではない。今まで学んできた学問、宗教の知識と体験をすべて捨て、己を空《むな》しうして菩提樹下《ぼだいじゅげ》でひたすら瞑想し、清澄な三昧《さんまい》持続の中で、全身心で宇宙からのメッセージ（大日如来《だいにちにょらい》の説法）を聞き、豁然と覚りを開いた。明星は一際《ひときわ》輝きを増した、と伝えられている。

覚者となった釈尊は、諸行無常《しょぎょうむじょう》、諸法無我《しょほうむが》など、偏見のない現実直視の法を説き、その生涯は衆生救済の説法の旅であった。説法の言葉は、後に普遍の真理として経典に記され、細部に分析して多くの経典が次々と誕生した。

しかしそこでは、覚りの境地は表現することができないとして、覚りは無我・無自性《むじしょう》・空《くう》という否定的表現に終始し、血のかよった覚りの表現はない。それは衆生の目線に立って、覚りを語ろうとしたからである。

『大日経《だいにちきょう》』を説いた教主は釈尊ではなく、大日如来である。釈尊の言葉から出た経典ではなく、釈尊の覚りの胸中をそのまま開示した経典である。本来は宇宙そのままが『大日経』であるが、人間に伝えるために、釈尊ご入滅後、ようやく千余年を経て、初めて言語化し、図絵化した経典である。ゆえに、それがたとえサンスクリットであれ、チベット語であれ、漢訳語であっても、そのままの文字を追って解釈していては、『大日経』の真意は理解できない。

大師は若き日、徳島の大滝嶽《たいりょうのたけ》や高知の室戸岬に籠《こも》って虚空蔵求聞持法《こくうぞうぐもんじほう》の修行をした。その行は、まず虚空蔵菩薩の権化《ごんげ》である明星礼《らい》をなし、後、虚空に向かい、五十日あるいは百日にわたって虚空蔵菩薩の印《いん》を結び、ひたすらそのご真言《しんごん》を百万遍唱える難行である。大師はついに、「明星来影《らいよう》」の奇瑞を得て虚空と一体となり、宇宙からのメッセージを全身心で聞いたのである。これはまさに仏教の原点、菩提樹下釈迦の瞑想と同じではないか。

大師はここで仏道に生きる覚悟を決め、改めて経典を読んでみると、無・不・空の否定的表現に満ちている顕教《けんぎょう》の経典は、自分の体験した世界にほど遠く、ついに東大寺の毘盧舎那仏《びるしゃなぶつ》への祈誓《きせい》により、久米寺《くめでら》の東塔で『大日経』を通覧した。難解至極の世界が描かれているが、根底を貫く、宇宙に漲《みなぎ》るエネルギーの片鱗に触れ、その徹底した解読と自己の覚りの検証のため、当時、仏教の盛んであった唐へ、渡航の危険をも顧みず入唐《にっとう》し、正統密教の第七祖恵果和尚《けいかかしょう》から『大日経』とともに『金剛頂経《こんごうちょうきょう》』の両部の秘教を悉《ことごと》く伝授されて、日本へ請来《しょうらい》した。両部を授けられたのは、多くの弟子の中、大師と中国僧義明《ぎみょう》大徳の二人のみであった。両部の大経は、その膨大な量と、多重構造をもつ深淵な哲学、複雑高度な三密瑜伽《さんみつゆが》の実践瞑想法を有し、生涯をかけてもその体得は容易ではない。

宇宙人格としての大日如来は、二つの相対的性格をもつ。『大日経』の胎《たい》蔵《ぞう》大日は母性的・慈悲・静安・求心的・副交感神経的・普遍的、『金剛頂経』

の金剛界《こんごうかい》大日は父性的・智慧・展開・遠心的・交感神経的・個性的、この対立的要素が調和しているのが大日如来である（二而不二《ににふに》）。

大日如来の本来不生《ふしょう》を示す𑖀《ア》字、そして胎大日を蓮華、金大日を月輪《がちりん》として「𑖀・蓮・月」という最もシンプルな姿として両部を凝縮した阿字観本尊は日本で誕生した。この壮大な阿字観によって宇宙と一対一で対面し、全身心で宇宙のメッセージを聞いていただきたい。これこそまさに、仏教の原点である。

本書の「第Ⅰ部 思想篇」は阿字観の思想背景の解説、「第Ⅱ部 実践篇」は阿字観の実修次第、そして「第Ⅲ部 質疑応答篇」は池口豪泉師の質疑に対して私が答えたものである。

振鈴《しんれい》の五鈷鈴《ごこれい》は、弘法大師御請来の国宝の五鈷鈴である。ＣＤによって、その神韻を味わっていただきたい。

CDブック　実践・阿字観瞑想法……目　次

第II部　実践篇　密教瞑想の実地指導

第Ⅲ部　質疑応答篇　真言密教理解の手引き

CDブック

実践・阿字観瞑想法

第Ⅰ部

思想篇

密教瞑想の基礎

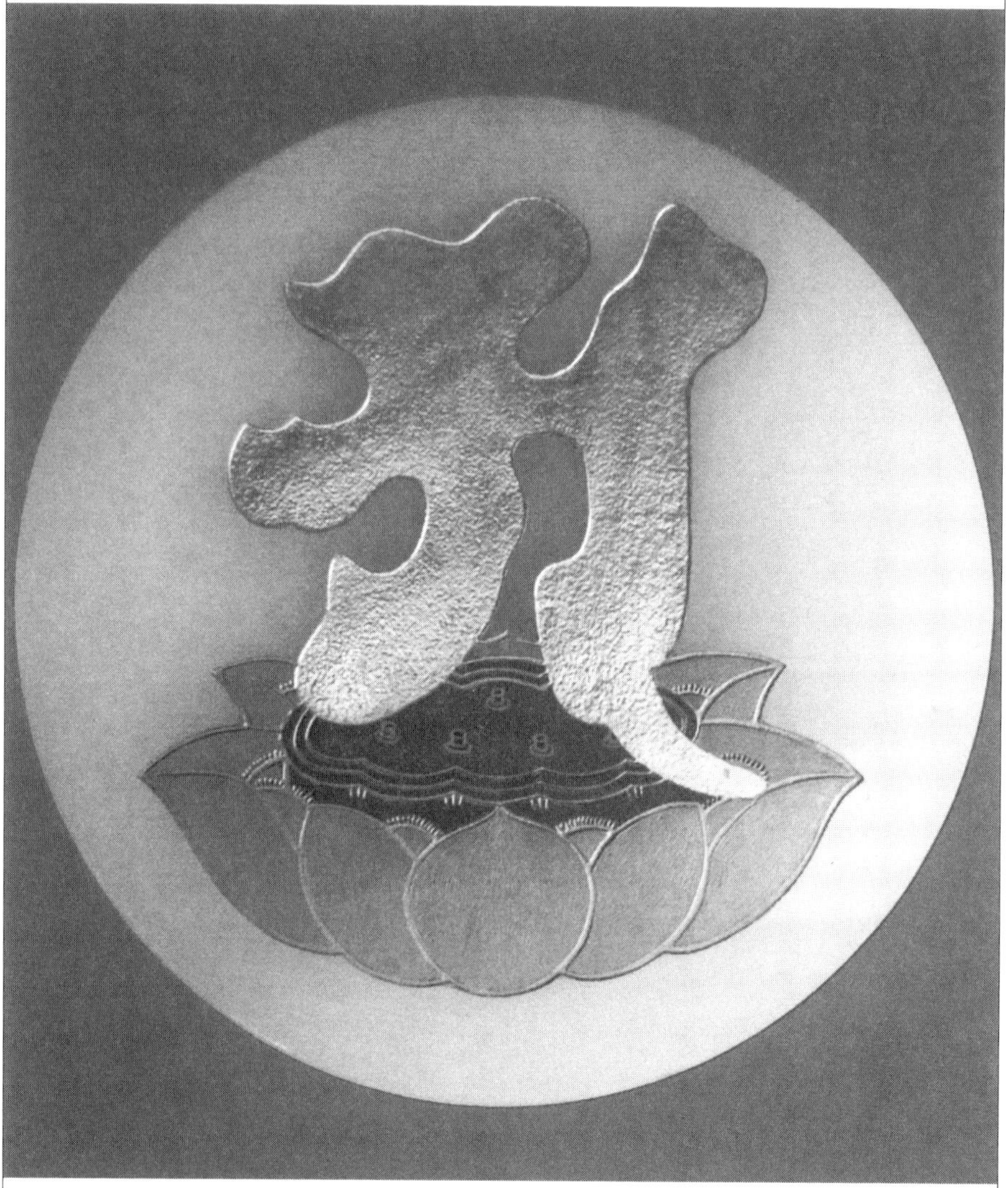

瑪瑙阿字観本尊（著者所蔵）

一　人類の進化に役立つ阿字観瞑想法

二十一世紀の危機

無限に広がる宇宙空間に点在する無数の星の中で、この地球には奇蹟ともいうべき多種多様の生命体が誕生し、過酷な弱肉強食の世界を展開している。動物は、個体と種の維持のため、あたかも宇宙のコンピューターに組み込まれたように、与えられた本能によって、たくましく生き抜いている。

その中で人の種、人類は農耕・狩猟、そして宗教・哲学・文学・芸術等の豊かな文化の華を咲かせてきた。そこには脳の特異な発達とともに、幸せを求める自我意識の形成が重要な要素になっている、と考えられる。

特に二十世紀に入り、今までとは異質ともいうべき科学技術の異常な発達によって、経済先進国では生活・交通・情報等の飛躍的な発展を遂げて生命体の頂点に立ち、まさにこの地上に楽園が到来するかの思いを抱くに至った。しかし、これもわずか一世紀を経ずして、自然界では起こり得ない巨大な自然環境の破壊、人類の行くところ大地を削り、大気海洋を汚染し、人類は一変して地球の癌と化した。

そして人類自身は、人間関係の稀薄化、雑踏の中の孤独、人間性の喪失、自殺の増加、子育ての放棄等、動物界では起こり得ない、新しい人類が誕生しつつある。そこには自然と断絶した自我の欲望の追求のために、巨大化された科学技術が用いられたからである、と考えられる。

人間の欲望については、古来より宗教・哲学・心理学等で、詳細なさまざまな分析がなされてきたが、科学技術によって、それ以前にはさほど表面には出てこなかった「快適」「便利」「情報」への異常な欲求が、重要な要素になってきたように思われる。

科学は善悪「無記」である

冷暖房は快適ではあるが、冷暖に変化する自然界との交流を遮断し、自動車や飛行機は歩く労苦と時間の短縮にはなるが、道中の風景や人情との接触を省略し、テレビジョンは、足を運ばずして世界の情報を知ることができるが、体験のないバーチャルの世界である。

またインターネットによる検索は、その項目のみの内容を知るには便利であるが、その項目の背景には線、あるいは広い面で他との繋《つな》がりがあり、独立した単一の点は存在しない。

科学技術は快適・便利・情報の上で、かつてない多くの豊かさを享受することができるようになったが、そこで失ったものを十分に自覚し、それを何かの形で補う必要がある。人間は自然との交流の中で、豊かな人間性を保つことができる。それは人間が自然の一部だからである。

科学は、人類が宇宙に潜む秘密を発見した、宇宙からの素晴らしい贈物である。科学はそれ自身、善でも悪でもなく、善悪「無記《むき》」である。これを善とするか悪とするかは、ひとえに人間の側にある。

宇宙のコンピューターからはみ出した人類が、巨大な科学技術を使いこなし、これからも存続するためには、さらに高いレベルの宇宙のコンピューターに相応する人類に進化しなければならない。

二十一世紀に進化する人類とは、動物が個体と種を維持するための食欲と性欲の本能を保ちつつ、これを昇華した倫理的な人類から、さらに自我的宗派・民族・国家を超えた、宇宙の意識と繋がった人類になることである。

宇宙は一つの命に繋がって生かされている

ガリレオが地動説を唱えて当時の人々を驚かして四百年、今やそれが常識となっているが、無限大の宇宙は、どこでも中心となり得る。太陽、月と地球は、別々の存在ではなく、同じ親から生まれた兄弟であることもわかってきた。

宇宙空間も無の真空ではなく、ダークマター（暗黒物質）が充満しており、そこに濃淡が生じて振動（インフレーション）が起こり、ビッグバンして、物質は八方へ飛散しながら次第に凝固して星となった、と現在の宇宙物理学は星の誕生を説明している。

大師は若き日、世俗の地位や権力の空しさを感じ、真実への情熱やみ難きある日、一人の沙門《しゃもん》から授けられた密教の虚空蔵求聞持法《こくうぞうぐもんじほう》を阿波の山中、大《たい》滝嶽《りょうのたけ》や、太平洋を見渡す室戸岬で修法《しゅほう》した。天地間にただ一人、虚空蔵菩薩のご真言《しんごん》を百万遍、徹底して三昧《さんまい》を究める修行である。

虚空すなわち宇宙空間は無の真空ではなく、如意宝珠《にょいほうじゅ》が万物を生み出すように、あらゆる物質・生命を生み出す蔵であり、菩薩という生命漲《みなぎ》る人格体である。

この大宇宙に漲る人格体と瑜伽一体《ゆがいったい》の体験をした空海にとって、現世の栄枯盛衰は一瞬の夢であり、また諸法の実相《じっそう》は不可得《ふかとく》・無自性《むじしょう》・空《くう》と説く否定的表現に満ちた顕教《けんぎょう》経典は、迷える衆生の機根《きこん》、時代相応の権方便《ごんほうべん》の教えであり、尊くはあるが、究竟真実《くきょうしんじつ》の不二《ふに》を説いた経典は必ずあるはずである、との思いをもって祈誓《きせい》したところ、それは『大日経《だいにちきょう》』である、との啓示を得た。

当時、すでに請来《しょうらい》されていた『大日経』を披《ひら》いてみると、顕教経典とはまったく異質で、その全容はとても理解できないが、垣間見る断片からは、これこそ求聞持法で得た、あの広大にして深淵なる活力に満ちた悟境の、一大体系が整然と説かれている、という確信を得たと考えられる。

訪ねても日本でその秘義を説く師なく、当時、仏教の盛んであった唐への、危険な渡海を決意する。

空海は長安（今の西安）青龍寺《しょうりゅうじ》の恵果《けいか》和尚《かしょう》から、この『大日経』とともに『金剛頂経《こんごうちょうきょう》』の両部の大経の講伝と灌頂《かんじょう》の悉くを授けられた。この『大日経』には、大宇宙そのものを『大日経』とする法爾常恒本《ほうにじょうごうぼん》と、人類の文字として七世紀に書かれた分流本《ぶんるぼん》とがある。

この分流本の『大日経』とその釈には、有無未分の宇宙空間に、あるとき微振動が起こり、阿（ア）の一音が生じ、その一音から諸字が生まれて八方へ飛散しながら次第に拡大展開していく、百光遍照王観《ひゃっこうへんじょうおうかん》の観法《かんぼう》が説かれている。

これはまさに宇宙能生《のうしょう》（宇宙創造）の瞑想法であり、自我の殻は破られ、宇宙意識と繋がってくる。この宇宙意識と繋がる人類こそ、二十一世紀が求める〝進化した人類〟である。

在家の方にもできる阿字観瞑想法

難行である虚空蔵求聞持法、複雑高度な百光遍照王観や三密瑜伽《さんみつゆが》の諸尊法《しょそんほう》は、伝統による正規の過程を経て実修すべきものであって、在家の方には伝授が許されていない。

しかし、この膨大にして深淵な両部大経の教義と実修法を凝縮した阿字観《あじかん》が日本で誕生し、極く少数の真言僧によって伝えられてきた。

昭和になって、中井《なかい》龍瑞《りゅうずい》和上は、これを広く在家の方にも親しまれるようにと、『密教の一字禅』という題名の本を出版し、提唱された。

その後、私は阿字観を密教瞑想法、あるいは阿字観瞑想と呼び、現代の宇宙物理学や生理学・心理学の成果を組み込み、『密教瞑想法』『密教瞑想と深層心理』『真言密教　阿字観瞑想入門』等の本やビデオを出版し、本山や大学では多くの指導者が生まれ、在家の方にも広く講義や伝授がされるようになった。

この阿字観の修練によって、自然界と断絶した自己の殻が破られ、大宇宙の生命大日如来《だいにちにょらい》の躍動する歓喜の誓願が自己の主体となり、自我、そして自我的宗派・自我的国家の枠を超えた普遍的個性が確立し、次々と進み行く先端科学を、自然環境と人類の共尊共生のために自在に駆使できる〝進化した人類〟となることができる。

阿字観瞑想法は、真言宗の僧俗はもちろんのことだが、宗派を超えて国内で着々と広がりつつあり、さらには世界共有の生きた文化遺産の一つとして海外に広がり、混迷する二十一世紀の人類のお役に立つことを願うものである。

阿字観について講義する著者

二　真言密教の瞑想法

真言密教の三密行法と阿字観

天空に高く輝く太陽は、赫々《かっかく》と万物を照らし、一切の生物をはぐくみ育てている。しかしこの太陽も昼夜の区別があり、日当たりの裏には日陰をつくる。

大宇宙の根本生命たる大日如来の大慈悲は、内外昼夜の別なく、我々一人ひとりの心根を平等に限りなく照らしつづけたまう。

天体の太陽と、一部相似ているところから日といい、相対的な太陽の徳を遥かに超えているので大を加えて、密教の教主を大日如来という。しかるに蚕は、みずから出した糸で小さな繭《まゆ》の殻に閉じこもって煮え湯の苦しみを受けるがごとく、自心の実相に迷える人は、みずから作った暗い殻の中で悩みつづける。早く如来加持《にょらいかじ》の光に触れ、光り輝く広大無辺の世界に出でよ、と密教の根本経典『大日経』の註釈『大日経疏《だいにちきょうしょ》』は説いている。

弘法大師が中国より伝えられ、これを完成した真言密教《しんごんみっきょう》には、哲学的思索をなす教相《きょうそう》と、それを実修体得する事相《じそう》の両分野がある。数千年の歴史の間に磨き上げられ、複雑高度に体系化された事相・教相も、『大日経疏』に説かれるように、みずから作った個我の殻を破り、如来加持の光に輝く広大無辺の世界に出でて、大生命に生きることにある。

大地が種々さまざまな花をそれぞれ美しく咲かせるごとく、大日如来は諸仏諸尊の種々の姿を現し、衆生の個性を壊すことなく、各人各様の個性を存分に開発したまう。

身体をもってこの世に生まれてきた人間には、さまざまな欲望がある。宗教一般には、欲望は不浄なものであり、捨て去るべきである、とするものが多い。事実、欲望によって自ら悩み、他を傷つけるという現実がある。迷える凡夫にとって、現実に欲は常に煩悩として現れてくるので、一般仏教では無数の煩悩論が説かれてきたが、欲そのものについての正当な評価はほとんどされてこなかったように思われる。

しかし、欲望を汚すものは我執であって、欲そのものは本来清浄《しょうじょう》であると密教は説く。密教では生きようとする欲のもつエネルギーを、いかに活用し昇華させて自己を深め、人倫の道を高めるかの法を説く。種々の比喩や象徴を用いることが多いが、生きる現実そのままの欲望を決して清浄といっているのではない。

人間の行為は、行動（身《しん》）と、語ること（口《く》）、思うこと（意《い》）、すなわち身・口・意の三要素から成り立っている。迷える衆生にとって、身・口・意の三業《さんごう》は、日夜に悪業をつくるものとなるが、密教ではこの三業を総動員し、手に印《いん》を結び（身）、口に真言《しんごん》を唱え（口）、心は三昧《さんまい》に住して（意）、凡夫の三業を直ちに仏の三密《さんみつ》へと転用せんとして、三密の行法《ぎょうぼう》が生まれてきたのである。

真言密教には、諸尊に相応し、種々の目的に応じて、緻密に組織された三密の行法が多く伝えられているが、専門僧においても、その機根、階梯《かいてい》を一歩一歩踏まなければ容易に授けられない。しかし、これらの行法の基本となっているものは、行者の心中に月輪《がちりん》を観じ、その月輪の上に種々の梵字《ぼんじ》を観じ、種々の観念を凝らして本尊と入我《にゅうが》我入《がにゅう》し、本尊そのものになる、というのが基本構造となっている。

阿字観は、これら三密行法の基礎となるものであると同時に、深く悟入すれば奥義に通ずる道である。ここでは阿字観を中心に、それに入る過程として阿息観《あそくかん》と月輪観《がちりんかん》を加え、説明を聞きながら実修できるように工夫を試みた。専門僧には、基本を再確認するために、あるいは自利利他《じりりた》に、何らかのお役に立てば幸甚である。

在家の方にとっては、これは真言密教の本格的な修行の門を一歩踏み込んだことになる。インドから中国、日本へと、五千年以上の歳月をかけて工夫を重ねてきているこの瞑想法で、真言密教の雄大な世界を実際に体で感得していただきたい。

覚りとは何か？ 覚りを語ろうとすれば、それはすでに覚りそのものではなくなる。覚りは言葉で限定されるべきものではない。通常の言葉で語ろうとすれば、覚りの外郭をむなしく巡るのみである。ゆえに一般仏教では覚りについて語らず、迷いを徹底して見つめ、否定していこうとする。

これに対し、密教は覚りそのものを敢えて語ろうとする。密教では、覚りは「覚り自身に語らしめる」という方法をとる。そこにマントラ（御真言）を唱え、月輪等のシンボルを用い、曼荼羅《まんだら》を描く。これは覚りからの暗号であると同時に、それ自身である。それを唱え、それを瞑想し、己を空しくするとき、月が、蓮華が、静かに語りかけてくるのである。

人間釈迦を仏たらしめ、大宇宙を生かしつづけたまう根本法身《こんぽんほっしん》大日如来の説法の声を、時間・空間を一挙に超えて、今、ここで、この私が聞かんとするのである。密教有相《うそう》（形を用いた）の瞑想法の特色はここにある。

瞑想法の三要素

密教瞑想法は窮屈な姿勢で我慢するものではなく、敢えて無念無想を求めるものでもない。力まずにゆったりと坐り、マントラの声に、月や蓮華などの形にひたすら観念を凝らす間に、無念無想の境もおのずから会得してしまう。それにはまず、調身・調息・調心の三要素に留意していただきたい。

調　身

瞑想にもっともよい体の状態を調えることで、結跏趺坐《けっかふざ》、半跏坐《はんかざ》あるいは正坐をする。体の重心が、前後左右のバランスがとれて安定すること。背筋はすっと伸ばし、顎《あご》はこころもち引くが、肩の力を抜いてリラックスしていること。しかし、腹には自然に気が充実していること。結跏趺坐、半跏坐で前後のバランスが不十分な場合は、尻の下に適度の厚さの座布団を敷く。日常生活の中で、なるべく脊柱《せきちゅう》・腹筋・足の関節など、坐るのに適した体をつくること。(ヨーガ体操の中から選んでもよい。)

調息

心の動揺は直ちに心の呼吸に変化を及ぼすが、逆に呼吸を調えることによって心を落ち着かせることができる。一般仏教では出入の息を数えることによって心を静める数息観《すそくかん》が用いられている。

密教ではさらに工夫を凝らして、出る息と入る息に、生命の根源「ア」の声を観じ、直ちに自心の本源に触れようとする阿息観が行われる。息の仕方は、深く長く、吐く息に力のこもる呼吸から、最終的には連綿として息をしているか、していないかわからない状態になるのがよい。

調　心

調身・調息の基礎が確立してくると、心もおのずから調ってくる。有限の肉体をもって無限の世界を実感し、騒乱多忙の中にあって直ちに寂静《じゃくじょう》実相の世界に参入できる瞑想法は、人類数万年の歴史の中で最大の発明の一つであるといえよう。

CD収録の瞑想法

阿息観

リラックスした腹式呼吸法を基本に、吐く息、吸う息に「ア」の声を念じて大生命を感得する瞑想法である。

「凡《およ》そ最初に口を開くの音《こえ》にみな阿の声《しょう》あり」（『大日経疏』）

私どもが軽く口を開いて声を出すと、自然に「ア」の音が出る。インドの悉曇字《しったんじ》母表《もひょう》の最初も「ア」である。「阿字は第一命なり」（『大日経』）とも説かれている。「ア」は一切文字、一切音の最初であり、天地万物の始源、自心の本源の言葉であり、大日如来の一字真言である。

「若《も》し阿の声を離ぬれば則ち一切の言説《ごんせつ》なし。故に衆声の母となす」（『大日経』）

阿は一切の文字、一切の声を生み出す母であり、いずれの文字、声にも「ア」が周遍している。悉曇文字を書くとき、どの文字も最初にア点を打つ。「ア」は、森羅万象に遍在している。瞑想にあたって口から出す「ア」の声は、口を軽く開いて出すとよい。

月輪観

心は形を超えているが、形ある身体をとおして働くので、人間は長年の経験から、こころを身体の大きさに限定する習性が身についてしまっている。この殻を破り、本来宇宙大の自己を体得するのが月輪観である。

掛け軸本尊は、月輪だけを描いたものでも、阿字観本尊でもよい。

胸中に引き入れた月輪を拡大し、縮小するのを広観斂観《こうかんれんかん》という。

初心者は一肘量《いっちゅうりょう》(肘から中指の先まで)の大きさの月を少しずつ広げ、自然に広がったところで無理をせず、そこで十分にその実感を味わってから、順次、縮める。

月(すなわち自心)の大きさは、日数をかけて根気よく漸次、広げる工夫をする。

縮めるときには、ゆっくりと時間をかける。正師《しょうし》の指導が必要である。

本書では広観斂観の要領を述べたが、実際には三十分から一時間半くらいの時間をかけ、悠大な境界を味わっていただきたい。

出定《しゅつじょう》には、深く定に入ったときほど、時間をかける。

●広観斂観

周遍の後には、さらに方円なし
自身、月輪となる
自心を見るに形、月輪の如し↑広観
斂観↓

阿字観

阿字観は『大日経』『大日経疏』『菩提心論《ぼだいしんろん》』等を典拠とするが、独立した一つの瞑想法に組み立てられたのは、弘法大師が高弟実慧《じちえ》大徳に授けられたと伝えられる『阿字観用心口決《あじかんようじんくけつ》』である。

阿（ア）は梵語のアーディ・アヌトゥパーダ（ādy-anutpāda）、すなわち「本不生《ほんぷしょう》」の深義があり、根本法身大日如来の一字真言である。自心本来不生《じしんほんらいふしょう》、事事物物《じじぶつぶつ》、日常生活の行住坐臥に不生の生を徹見していく。

掛け軸本尊は、阿字・蓮華・月輪からなっている。蓮華は泥中より生じて、しかも清らかな花を咲かせるように、私も蓮華も本来清浄であることを象徴しており、月輪は円満・清涼・明照等の徳を表す。

弘法大師から後になって、月輪の中に蓮華、蓮華の上に阿字を観ずるのを金剛界《こんごうかい》阿字観、蓮華台の上に月輪、月輪の中に阿字を観ずるのを胎蔵界《たいぞうかい》阿字観とされるようになった。月は金剛界の智慧を、蓮華は胎蔵界の慈悲を表す

阿字観本尊（著者提供）

のにふさわしい。

金剛界阿字観は、月輪を主体とし、蓮華を従として、月輪の円満・清涼等を徹見し、広観斂観をして（あるいは広観斂観を用いず）、大宇宙の広大無辺を実感し、阿字不生を観ずる。

胎蔵界阿字観では、蓮華を主体とし、月輪を従として、生命の神秘、生命の根源に阿字の不生を観ずるのが基本と考えられる。（広観斂観はない。）阿字観を実修する前段階として、阿息観をしばらく続けて、次に月輪観によった広観斂観を修得してから阿字観に入るとよい。

本書での阿字観は、金剛界本尊によったのであるが、広観斂観の部分は月輪観に譲り、略している。広観斂観の用・不用は随意である。また、金剛界本尊で胎蔵界阿字観を瞑想しようと思うときは、特に蓮華を主体として生命の本源を観ずるがよい。

阿字観の修行者は、急ぐべきは急ぎ、緩やかにすべきは緩やかにし、進むべきは進み、退くべきは退き、行住坐臥に阿字不生の大生命に生かされていることを深く観ずる。

密教瞑想は根源の自己覚醒、本来の自己開顕にある。実修によって生理・心理にも深い影響を与えるが、一般の自己催眠とは本質的に異なる。

本書に従って密教瞑想を繰り返し実修することによって、今まで閉じこめられていた自分の一個の殻を打ち破る実感、体験を積み重ねて、眠っていた大きな自己の開発に心がけていただきたい。さらに深く究めたい方は、真言密教の正統の師に就いて学ぶことをおすすめする。

瞑想する場所について

瞑想中の室内には他の人が入出しないよう、あらかじめ注意しておくこと。部屋の明るさは、明からず、暗からず、本尊がくっきりと浮かび上がる程度がよい。

夜は左後ろにローソクを立てる。本尊との距離は約一メートル。
本尊の高さは、本尊の月輪の下が修行者のへその高さ。
半眼にして本尊がちょうど視界に入る位置がよい。

阿字観行者　日常の心得 十一カ条

一　最高の幸せは「悟る」ことにある、と知り、幻想の幸福から目を覚ます。(発菩提心《ほつぼだいしん》)

二　「覚り」とは、すべての存在は、大いなる𑖀《ア》の命に繋がり、生かされていると深く自覚することにある。(三昧耶戒《さんまやかい》)

三　「覚り」の門は、「ア」の発声で開かれ、宇宙本源への感応が始まる。(阿息観)

四　瞑想による身心の充実感は、人間至高の喜びである。これに優《まさ》る贅沢はない。

五　天地の恵みと、数知れぬ人々によって生かされていることに思いを致し、四恩《しおん》に報《むく》いる行動を起こす。（報恩）

六　ご先祖は家庭の根であり、命の本源に繋がっている。この世に生を受けた因縁を思い、心して供養する。（先祖供養）

七　自分に起こってくる幸・不幸の出来事は、すべて自分の業《ごう》として受け入れる。業の軌道修正は、そこから始まる。

八　宇宙の神秘、自然の美しさに感動する感性を磨《みが》く。質の高い豊かさが、そこから生まれる。

九　宇宙の意志は、人間の欲望を通して実現しようとしている。それを汚すのは自我である。（大欲清浄《だいよくしょうじょう》）

十　死ぬときに持って行ける「念」と、死後、憶念《おくねん》してくださる人だけが自分の財産であり、念の浄化に心がける。地位や資産は、此の世に残していかねばならぬ。

十一　阿字から生まれ、阿字の故郷《ふるさと》に帰る我が身であることを心底に据《す》え、阿字の一念に住して、今日一日を生きる。

（真言《しんごん》阿《あ》闍梨《じゃり》は臨終には、再び現世に権化《ごんげ》して、さらに学修を深め、真言密教を宣揚するの念を持し、大日如来の御心にお任せして、阿字本不生に帰入する。）

三　御請来五鈷鈴の振鈴

大師御請来《ごしょうらい》の品目は御請来目録に列挙されており、五鈷鈴《ごこれい》については「五宝五鈷鈴一口」とあり、東寺観智院第一世杲宝《ごうほう》師（一三〇六～一三六二）の『東宝記《とうぼうき》』に「宝蔵所二見在一、鈴五鈷金剛盤三種者根本請来霊物無レ所レ疑」と記されている。

すなわち、東寺に現在秘蔵する五鈷鈴・五鈷杵《ごこしょ》・金剛盤の三種の密教法具は、疑いなく弘法大師請来のものとされている。

雄大で力強く唐朝の逸品であると同時に、密教の法燈の象徴であり、大師の霊気漂う至宝である。

弘法大師御請来五鈷鈴を振鈴する著者（1977 年 3 月 8 日）

郵便はがき

料金受取人払郵便

神田局
承認

1124

差出有効期間
2025年9月30
日まで
（切手不要）

101-8791

535

千代田区外神田
二丁目十八—六

春秋社
愛読者カード係

＊お送りいただいた個人情報は、書籍の発送および小社のマーケティングに利用させていただきます。

(フリガナ) お名前	歳	ご職業
ご住所 〒		
E-mail 小社より、新刊／重版情報、「web 春秋 はるとあき」更新のお知らせ、イベント情報などをメールマガジンにてお届けいたします。	電話	

※新規注文書（本を新たに注文する場合のみご記入下さい。）

ご注文方法 □**書店で受け取り** □**直送(代金先払い)** 担当よりご連絡いたします。

書店名	地区	書名		冊
				冊

ご購読ありがとうございます。このカードは、小社の今後の出版企画および読者の皆様とのご連絡に役立てたいと思いますので、ご記入の上お送り下さい。

〈書　名〉※必ずご記入下さい

●お買い上げ書店名(　　　　地区　　　　書店　)

●本書に関するご感想、小社刊行物についてのご意見

※上記をホームページなどでご紹介させていただく場合があります。(諾・否)

●ご利用メディア	●本書を何でお知りになりましたか	●お買い求めになった動機
新聞 (　　　) SNS (　　　) その他 メディア名 (　　　)	1. 書店で見て 2. 新聞の広告で (1)朝日 (2)読売 (3)日経 (4)その他 3. 書評で (　　　紙・誌) 4. 人にすすめられて 5. その他	1. 著者のファン 2. テーマにひかれて 3. 装丁が良い 4. 帯の文章を読んで 5. その他 (　　　)

●内容	●定価	●装丁
□満足　□不満足	□安い　□高い	□良い　□悪い

●最近読んで面白かった本　(著者)　(出版社)

(書名)

㈱春秋社　電話 03-3255-9611　FAX 03-3253-1384　振替 00180-6-24861
E-mail : info-shunjusha@shunjusha.co.jp

振鈴《しんれい》は群迷を驚覚《きょうがく》する法身説法《ほっしんせっぽう》の響きであり、仏と入我我入した歓喜の声である。現在の真言密教には各流各様種々の振り方が伝えられており、ヒンドゥー教の僧やチベット密教僧は左右にチンチンと振るのを多く見かけるが、大師はどのように振られたのか定かではない。

今回の録音では、各流に共通する前後振りで、左耳五度、心《むね》前三度、額前二度を基本とし、真言宗内で現在最も広く行われている高野山中院流と醍醐三宝院流憲深方、そして御請来五鈷鈴を伝える東寺西院《にしのいん》流能禅方の振り方を融和し、調和を試みた。最初の五度は中院流、次の三度は三宝院流、その次の二度は西院流、そして諸《もろ》オロシ、片《かた》オロシである。

後世の鈴のような余韻はないが、原初的な雄渾さがある。大師の神霊を秘めた幽韻を心底に深く観じていただきたい。

第II部

実践篇

密教瞑想の実地指導

※この第Ⅱ部は、ＣＤの内容を活字化したものです。

一　阿息観

阿息観《あそくかん》とは、吐く息、吸う息にひたすら「ア」の声を念じ、「ア」の声と一つになることによって、宇宙の大生命を感得《かんとく》する瞑想法であります。

「ア」については、日本でも「阿吽《あうん》の呼吸」という言葉で一般に広く親しまれておりますが、「ア」は私どもがこの世に生まれ出るときの声であり、「ア」はすべての文字の母であり、「ア」は自心の本源であると同時に、森羅万象の根本生命であると、密教の主要経典の『大日経《だいにちきょう》』に説かれております。

阿字の子が　阿字のふるさと　立ち出《いで》て
また立ち返る　阿字のふるさと

故郷を遠く離れた者にとって、ふるさとはこよなく美しく、懐かしいものであります。心のふるさとを失い、魂の拠り処をもたない者は、自心の本源を悟るまでは、むなしさと寂しさの旅路を彷徨《さまよ》いつづけなければなりません。

自心すなわち己の心の本源とは何か？
現実社会の出来事に一喜一憂する心ではない。千変万化《せんぺんばんか》する荒波も、その海底は悠久の静けさをたたえるごとく、自心の本源は悠久にして豊かであります。

自心の本源であるこの「ア」の声は、私を包む大宇宙をその根底から無限に生かしつづけたもう大日如来《だいにちにょらい》の智慧と慈悲によって加持《かじ》されている尊い一字真言《いちじしんごん》であります。

迷える現実の自分自身が、本来の自己に立ち返るのに、自心の本源、生命の根源である「ア」の一字真言を唱え、とくに吐く息、吸う息に「ア」を念じ、己をむなしゅうして「ア」になりきるのを阿息観と申します。

「ア」の息を瞑想するところの阿息観を修するには、まず結跏趺坐《けっかふざ》あるいは半跏坐《はんかざ》、正坐をします。

では、説明に従って、姿勢をととのえてください。

からだを前後左右に揺って、重心を安定させ、肩の力を抜く。

背筋をスッと伸ばし、腰はこころもち突き出す。

アゴを少し引き、ゆったりと坐ると、下腹部におのずから「気」が充実してくる。

次に、自身即宇宙法界《ほうかい》の三昧《さんまい》に住する法界定印《ほうかいじょういん》を結ぶ。

手はヘソの少し下に、仰《あお》げた左手のひらに右手を重ね、両親指の先は着つくか着かぬかほどに近づける。眼は半眼にして鼻筋の斜め下、六十〜七十センチのあたりへ自然に落ちるようにする。

阿息観の実修に入る前に、まずからだを浄化する呼吸の仕方を説明します。

下腹部から腹、胸にたまっているモヤモヤした気持ちを炭酸ガスとともに、口を軽く開いてゆっくりと吐きます。そして息を吸うときは遠くの方から清らかな空気が白い霧のようになって、鼻から喉、胸、下腹部へ入っていき、腹部が清らかな空気で満たされたのち、胸にまで満たし、力まずにこのままそっと息を保ちます。

●法界定印
へその少し下に迎げた左手の掌に右手を重ね
両親指の先は着くか着かぬかほどに近づける。
●結跏趺坐

次に、口を軽く開いて、前よりもゆっくりと息を吐く。このとき、全身の残りの不浄な気を絞り出すように、ゆるゆると吐き、その息は遠くへ消え去っていくと観じます。

では、からだを浄化するこの呼吸をいたします。

吐くことから始めます。口を軽く開いて、胸の中にある心のモヤモヤを息とともに吐き出します。

「ハーーーッ」

次に、鼻から息を吸います。清らかな空気は自然に白い霧のようになって、喉を通り、胸、腹部を満たしていき、全身に浸透していく。

この息をそのまま少しのあいだ保ったのち、口からハーーーッと吐いていく。全身の残りの不浄な気を口から絞り出すように、その息は遠くへ遠くへと消え去っていく。

では次に、吐く息、吸う息に生命の根源を観ずる阿息観に進みます。口を軽く開いて、腹の底の方から「ア」の声が、胸、喉、口へと、しだいに振動を起こしながら、口から体外へ出ていき、一メートル、二メートル、三メートルと、「ア」の声の行方を観じ、声の途切れたところから、無音の「ア」に転じ、目には見えない無限の世界、実相の世界へ入っていきます。

無限・実相の彼方に至った無音の「ア」の声は、天地・宇宙をその根底から生かしたもう大日如来の霊気となって、地底を貫き、腹の底から喉・口を通るとき、ふたたび「ア」の声となり、現象世界に形をもつ、このからだの全身に振動を起こしながら、口から外界へと抜けていきます。

これを繰り返していくと、身も心もゆったりと落ち着き、雄大な境地に入ります。それから、しだいに「ア」の声を小さくしていって、ついに出る息、吸う息に無言の「ア」を念じ、生命の根源、阿字の不生《ふしょう》を観じて、「ア」になりきります。

では、どうぞご一緒にお唱えください。

「アーーーーーーー」

「アーーーーーーーー」

「アーーーーーーーーー」

静かな池に投げられた小石が、水面に同心円の波紋を描いて、しだいに広がっていくように、「ア」の声は私を無限に広げていく。

もはや一個の私が「ア」を唱えているのではない。宇宙生成の太古から一切の生物を生かす悠久の大生命が、私のからだを通して「ア」の声を発している。いま生かされている喜びを深く実感する。

二　月輪観

はてしなく広がる大宇宙の空間には無数の星が点在しておりますが、その中の一つの星、私ども人類の住んでいるこの地球には、大気があり、緑の山々があり、満々と水をたたえた海があります。

ここでは花が咲き、小鳥がさえずり、動物は戯れ、生命が躍動しております。

東の空に金色燦然《こんじきさんぜん》と輝く太陽に照らされて、今日もまた大地にさわやかな朝がやってまいります。地上の生命を育み照らした太陽が、ようやく西の空に沈みかけると、静かな夜空に宵の明星が、そして月と無数の星が神秘な光をたたえて、輝きはじめます。

夜空に輝くこの青白き月の光に人類は古代より神秘とロマンを追い続けてまいりました。そこに神話が生まれ、詩や文学が、そして宗教が育てられてまいりました。

「我、自心を見るに　形、月輪《がちりん》の如し」（『菩提心論《ぼだいしんろん》』）

真言密教では、月の円満な形と清らかな光は私ども一人ひとりに具わっている人格の徳と相応していると説き、夜空の月を眺め、あるいは描いた月輪観《がちりんかん》本尊を凝視して「自心即月輪」と観じ、さらには月輪となった自心を無限に広げて、「宇宙即自心」の境地を体得する月輪観が伝えられております。

では、これから月輪観に入ります。

・入　堂

［手を洗い、口をすすぎ、ゆったりとした服装をして、静に道場（部屋）に入る。］

・三《さん》　礼《らい》

本尊の前で合掌して、起居礼《ききょらい》をする。［立ったまま合掌し、膝を少し曲げながら頭をわずかにかがめて、二度礼拝し、三度目は床に両膝・両肘と軽く額をつける気持ちで礼拝する。］

・着　坐

［結跏趺坐あるいは半跏坐、正坐。］からだを前後左右に二、三度、揺

らしてみて、重心を安定させ、耳と肩、鼻とヘソの線をそろえて、ゆったりと坐る。

・発菩提心《ほつぼだいしん》

金剛合掌をして、「オン　ボウジシッタ　ボダハダヤミ（私は今、菩提心を発起《ほっき》する）」（七回、唱える）。

・三昧耶戒《さんまやかい》

［金剛合掌をして、］「オン　サンマヤサトバン（汝は三昧耶《さんまや》なり…私は今、仏と一体となり、仏の誓願を必ず成し遂げる金剛薩埵《こんごうさった》である）」（七回、唱える）。

●金剛合掌

右手五指が、左手の各五指の上になるように少し交差して、軽く合掌する。

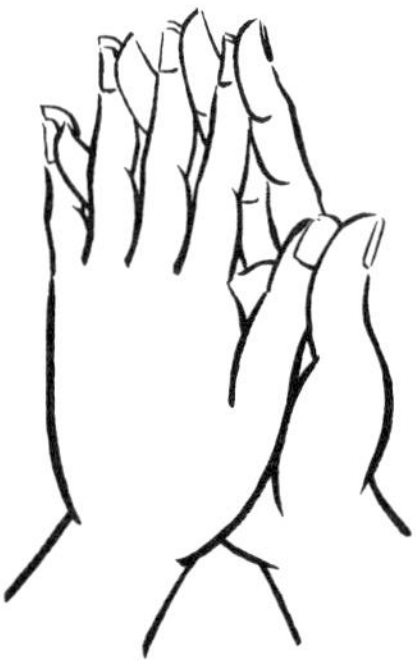

・調　息

自心即宇宙法界の三昧に住する法界定印を結び、眼を静かに閉じて、口から息をゆっくりと三回吐く。

ハーーー　ハーーー　ハーーー

・正《しょう》観《かん》

法界定印を結んだまま眼を少し開いて、月輪観本尊を見る。秋の夜の名月のように、くっきりと浮かぶ円満な形、清らかな光をよく観ずる。

眼を閉じて月輪の残像を縁として、しばらく観ずる。

残像が消えれば、また眼を開いて月輪観本尊を見る。

再び眼を閉じて、明瞭になれば、しだいに自心の胸中に引き入れる。

胸中の月輪をひたすら念ずる。

「月の円満なるが如く　自心も闕《か》くることなし。
万徳《まんとく》を具足し　種智《しゅち》を円満せり。
月の円形《えんぎょう》を見て　心の満体《まんたい》を観ぜよ。

月の清浄《しょうじょう》なるが如く　自心も無垢なり。
自性《じしょう》清浄にして　無貪無染《むとんむぜん》なり。
月の浄徹《じょうてつ》なるを見て　心の浄性《じょうしょう》を観ぜよ。

月の明照《みょうしょう》なるが如く　自心も照朗《しょうろう》なり。
本《もと》より無明《むみょう》を離れて　常に是れ遮那《しゃな》なり。
心月臆《しんがつむね》に澄《す》む　五障何《ごしょうなん》ぞ闇《くら》からん。
円鏡意《こころ》を瑩《みが》いて　光明遍《あまね》く照らす」

（覚鑁《かくばん》上人『一期大要秘密集』）

胸中の月の光、増しはじめる。
月輪はしだいに大きくなる。

五十センチ。六十センチ。
七十センチ。一メートル。

ここで、全身が一メートルの月輪となって、
さらに二メートル、三メートル。
部屋いっぱいにまで満ちていく。
さらに広がって、建物いっぱいにまで。
そうして、さらに広がっていく。

町よりも大きく、
野山よりも大きく、
大きく。

「十方に周遍《しゅうへん》して方円《ほうえん》なし」

天地ただ玲瓏《れいろう》たる光明が満ちている。

「さやかなる　月に心も住みぬれば
光のほかに　我なかりけり」　（弁栄上人）

これから月輪を少しずつ縮めていく。
ゆっくり、ゆっくりと縮まってくる。

町いっぱいにまで縮まってくる。
しだいに縮まって、建物の大きさになる。
さらに縮まって部屋の大きさに。
さらに縮まって一メートル。
そうして胸中に。
元の一肘量の大きさになる。

ここで、よく胸中の月輪を観じてから、今度はこの月輪をゆっくりと外へ出して、前の掛け軸本尊へ収める。
これで収まりました。

・出定

これから、すがすがしい気持ちで定から出ます。眼を閉じたままで両手を頭より少し上にあげて、手のひらをからだに向けて、からだには触れずに、息を吸いながら、頭から肩、胸へとしだいに撫《な》でおろす。

そうして、腰から膝の方へ掌で撫でながら、ゆっくりと息を口から「ハーーーッ」と吐く。もう一度、頭の方から息を吸いながら、肩、胸へと、腰から膝へ「ハーーーッ」［と息を吐く。］

呼吸を調え、血液の循環を補ってから、ゆっくりと眼を少しずつ開ける。

今の雄大な境地を深く味わいながら、次に三力加持《さんりきかじ》。

・三力加持

金剛合掌して、「以我功徳力《いがくどくりき》　如来加持力《にょらいかじりき》　及以法界力《ぎゅういほうかいりき》　普供養而住《ふくようにじゅう》」。

・祈　念

大きないのちに生かされていることを感謝し、自己を深め、人々の幸せを祈念する。

・出　堂

生きとし生けるものに慈悲の心を抱いて、坐したまま静かに一礼し、出堂する。

三　阿字観

「大空《だいくう》に遊歩《ゆぶ》して生死《しょうじ》において自在なり」（『大日経』）

弘法大師によって今日まで伝えられている密教瞑想法「阿字観」は、仏法の極意を「ア」の一字に体得し、この肉体をもって大空《おおぞら》を闊歩するごとき、無礙《むげ》自在の境地を開かんとするものであります。

大師は次のように申されております。

「我を生ずる父母《ぶも》も、生《しょう》の由来を知らず

生を受くる我が身もまた死の去るところを悟らず
過去を顧みれば冥冥《めいめい》としてその首《はじめ》を見ず
未来に臨めば漠漠《ばくばく》としてその尾《おわ》りを尋ねず」（『秘蔵宝鑰《ひぞうほうやく》』）

「無辺の生死、いかんが能く断つ
ただ禅那《ぜんな》と正思惟《しょうしゆい》のみあってす」（『般若心経秘鍵《はんにゃしんぎょうひけん》』）

はてしなく続く迷いの生活は、深い瞑想と正しい智慧によって、はじめて断つことができます。

暗黒の雲に覆われた月も、その本性《ほんしょう》は清らかな光を放つごとく、我執によって生じた自己と顛倒《てんどう》の世界も、その実相は月の光のように清浄であります。

阿字観の「ア」はインドのサンスクリットで「アーディ・アヌトゥパ

ーダ」、すなわち「本来不生《ふしょう》」「本来生ぜず」の義であります。

この私も万物もみな不生にして生じている。現実に喜怒哀楽する一瞬一瞬に、「不生の生」を達観し、ただちにその根源を体得するところに、阿字本不生の面目があります。

阿字観本尊の月輪は、阿字本不生の智慧の光であり、蓮華は私ども本来具足の汚れなき阿字自性清浄の慈悲の徳であります。

では、これからこの阿字・蓮華・月輪を胸中に観じる阿字観の瞑想に入ります。

・入　堂

［手を洗い、口をすすぎ、ゆったりとした服装をして、静に道場（部屋）に入る。］

・三　礼

本尊の前で合掌して、起居礼《ききょらい》をする。［立ったまま合掌し、膝を少し曲げながら頭をわずかにかがめて、二度礼拝し、三度目は床に両膝・両肘と軽く額をつける気持ちで礼拝する。］

・着　坐

［結跏趺坐あるいは半跏坐、正坐。］からだを前後左右に二、三度、揺らせてみて、重心を安定させ、ゆったりと坐る。

・浄三業《じょうさんごう》

からだ（身《しん》）と口（口《く》）と心（意《い》）の三つのはたらきを浄める蓮華合掌の印を結んで観念する。「蓮華は泥中にあっても清らかなように、この私の身も心も本来清浄である」と。

●半跏坐

●蓮華合掌
十指の先をそれぞれ着けて合掌し、掌中をふくらませて、まさに開こうとする蓮華の形にする。

・発菩提心

金剛合掌をして、「オン　ボウジ　シッタ　ボダハダヤミ」〔七回、唱える〕。

・三昧耶戒［金剛合掌］

「オン　サンマヤサトバン」〔七回、唱える〕。

・五大願［金剛合掌］

衆生《しゅじょう》無《む》辺《へん》誓願《せいがん》度《ど》（衆生は無辺なり　誓って度《すく》わんことを願う）
福智《ふくち》無《む》辺《へん》誓願《せいがん》集《じゅう》（福智は無辺なり　誓って集めんことを願う）
法門《ほうもん》無《む》辺《へん》誓願《せいがん》学《がく》（法門は無辺なり　誓って学ばんことを願う）
如来《にょらい》無《む》辺《へん》誓願《せいがん》事《じ》（如来は無辺なり　誓って事《つか》えんことを願う）
菩提《ぼだい》無上《むじょう》誓願《せいがん》証《しょう》（菩提は無上なり　誓って証《さと》らんことを願う）

・五字明《ごじみょう》念誦《ねんじゅ》〔金剛合掌〕

「ア　ビ　ラ　ウン　ケン（本不生を証する勇者よ。フーム・カン）」

〔七回、唱える〕。

・調　息

自心即宇宙法界の三昧に住する法界定印を結び、眼を静かに閉じて、息を口からゆっくりと三回吐く。

ハーーー　ハーーー　ハーーー

・正　観

法界定印を結んだまま眼を少し開いて、阿字観本尊を見る。

秋の夜の名月のように、くっきりと月輪が浮かぶ。

月輪の中に汚れなき八葉の蓮華がある。

蓮華の上に金色《こんじき》の光をたたえた阿字がある。

金色の阿字は、月輪と蓮華が形を超えた深い阿字本不生の世界から、この現象界へ形を現してきていることを示している。

月輪・蓮華・阿字の形と色彩を十分に観ずる。


静かに眼を閉じる。眼を閉じると、しばらく本尊の形が浮かぶ。眼を静に開いて、再び阿字観本尊を見る。そして眼を閉じる。眼を閉じたままで、本尊の形がはっきりと観ぜられるようになると、その本尊を今度は自分に本来具わっている、ヘソから胸の心月輪の位置へゆっくりと引き入れる。本尊が入ってくる。

「我、自心を見るに　形、月輪の如し」（『菩提心論』）

「蓮《はちす》を観じて自浄を知り、菓《このみ》を見て心徳を覚る」（『般若心経秘鍵』）

胸中の本尊をひたすら念じ、深く自心の本源を観ずる。

「一念の眠りの中に、千万の夢あり
おのずから心の闇は晴れにけり
他に求めぬ　月の光に」　（似雲上人）

第Ⅲ部　質疑応答篇

真言密教理解の手引き

質疑　池口豪泉
応答　山崎泰廣

一　真言密教とは？

問　真言密教《しんごんみっきょう》とは何ですか？

答　真言密教とは、弘法大師空海が伝えた日本の密教のことです。

真言という言葉は、狭義にはマントラを指しますが、広義には覚りの真言・印・観念の三密《さんみつ》を説き、実践する教団の意味です。マントラとしての真言とは、覚りの境地からほとばしる言葉であり、解説の言葉ではありません。

密教という言葉は、世界のいたるところで古代から行われている魔術・呪術・占星術・秘教等の広い意味のオカルト（occult）・シークレット（secret）・

エソテリック（esoteric）を含みますが、ここではインドに発生し、後に大乗仏教の精神によって高められ、中国を経て日本へ、あるいは東南アジア諸国へ、またネパール・チベットなどへ伝播していったところの金剛乗《こんごうじょう》（Vajrayāna）やタントラ仏教（Tantric Buddhism）等を指し、弘法大師空海によって日本で完成された密教を真言密教といいます。

問　密教とはどういう宗教ですか？

答　仏教を大きく分けると顕教《けんぎょう》と密教になります。

顕教は、釈尊の説いた真理の法（ダルマ dharma）を拠り所とし、言語によって覚りを説くことができないので、覚りは不可説《ふかせつ》・無自性《むじしょう》・空《くう》という否定的表現に終始します。覚りを外から見る、という衆生の目線に立つためです。ゆえに迷いの分析が中心課題となり、迷いの煩悩を否定して悟ろうとします。

密教は、釈尊の胸中を開いた宗教であり、覚りは覚り自身に語らせるのです。覚りの雄叫びがマントラ（真言）であり、その視覚化がマンダラ諸尊の尊像です。ゆえに呼吸を調え、心を調えて尊像の前に坐り、本尊のマントラを口で唱え、本尊の印を身体の手で結び、意《こころ》に本尊の三昧境の誓願を念ずるとき、本尊の悟境が全身心に伝わってくるのです。密教が三密瑜伽行《さんみつゆがぎょう》を実践するゆえんです。

釈迦は人間の言葉を聞いて悟ったのではありません。菩提樹下で深い瞑想に入り、大宇宙の声（法身大日如来《ほっしんだいにちにょらい》の説法）を全身心で聞いて悟ったのです。密教の原点はここにあるのです。

問　密教といいますが、何を秘密にしているのですか？

答　秘密に二種あります。大宇宙はすべてを公開していますが、自分の宗教的レベル以上の境地が理解できないのを「衆生秘密《しゅじょうひみつ》」といい、深い世界は衆生のレベルに従って順次説かなければ理解できないので「如来秘密《にょらいひみつ》」というのです。

問　三密瑜伽行とはどういったことですか？

答　人間の行為には、身で行うこと、口で語ること、意《こころ》で思うことの三つの要素があり、衆生の行為を三業《さんごう》といい、仏の行為を三密といいます。

瑜伽とはインドの言葉でヨーガ（yoga）といい、仏と衆生が融合し一体となることです。身で仏の印を結び、口に仏の真言を唱え、意に仏の誓願を念じて、仏の身口意と一つになる瞑想法を「三密瑜伽行」というのです。

問　真言密教の開祖の弘法大師という人はどういう人ですか？

答　弘法大師空海（七七四～∞）は、香川県の知事の家系に生まれました。二十歳の頃、虚空蔵求聞持法《こくうぞうぐもんじほう》を修行して、すべての存在は大いなる一つの命につながり生かされているという、大宇宙との融合体験をします。中国で恵《けい》果和尚《かかしょう》から仏教集大成の『大日経』『金剛頂経』の両部を受法し、帰国後、両部不二《りょうぶふに》の普遍的教義を完成して真言宗を開宗しました。広大にして緻密な哲学、深い宗教体験、漢文梵語の通達、日本の代表的能筆家、庶民のために仏教と世間一般の学問を兼学する世界最初の学校の設立、日本最大の農業貯水池（満濃池《まんのういけ》）の設造、王侯貴族や庶民からの尊敬、宗教・文化・教育・社会事業・政治などの活動は稀に見る、まさに世界的なマルチ人格です。

六十歳のとき、未来の衆生までも永遠に救い続ける誓願を立て金剛定《こんごうじょう》の三昧《さんまい》に入り、高野山に肉身を留めています。人々は今も大師と同行二人《どうぎょうににん》として、高野山や四国八十八ヶ所等の縁の地に多くの巡礼者が連なっています。

問　真言宗所依の経典論疏《きょうてんろんしょ》は何ですか？

答　『大日経』と『金剛頂経』の両部の大経を基本として、『大日経疏《だいにちきょうしょ》』『釈《しゃく》摩訶衍論《まかえんろん》』『菩提心論《ぼだいしんろん》』など、密教の多くの経論疏と、大師の『弁顕密二教《べんけんみつにきょう》論《ろん》』『即身成仏義《そくしんじょうぶつぎ》』『声字実相義《しょうじじっそうぎ》』『吽字義《うんじぎ》』『十住心論《じゅうじゅうしんろん》』『般若心経秘鍵《はんにゃしんぎょうひけん》』などの著作です。

二　真言密教の教学とは？

問　真言密教は何を説きますか？

答　即身成仏《そくしんじょうぶつ》（この世で悟る）と密厳国土《みつごんこくど》（この世の理想世界）実現可能の原理と実践法を説きます。

問　「直住月宮《じきじゅうがっくう》」とは何ですか？

答　弘法大師空海が『大日経』を口説《くぜつ》した『遮那経王疏伝《しゃなきょうおうしょでん》』には、真言密教は「直住月宮」の法門である、と示されています。

悟りの月宮は、遙か彼方にあるのではなく、現実足下にこそあるのです。月を仰ぎ見れば、群雲《むらくも》は月の光を遮る煩悩妄念の姿として映りますが、自身が直ちに月宮に住していることに目覚めたとき、広大にして自在の世界が開顕し、群雲はかえって月を荘厳《しょうごん》する存在となります。

『大日経』『金剛頂経』などには、この境地を体得するところの精緻な構造をもつ教理と儀式、阿字の瞑想や修法などの実践体系が説かれています。

問　「普遍的個性」とは何ですか？

答　宇宙は大いなる一つの命につながって生かされています。これを宗教的自我・国家的自我・企業的自我・自己的自我で切断するところから、争いと不幸が始まりました。独善の自我主張は「自我的個性」(Egoistic Personality) というべきです。

慈眼《じげん》の菩薩、忿怒《ふんぬ》の明王等の曼荼羅《まんだら》諸尊は、大いなる普遍的大日如来から変身流現《へんしんるげん》した「普遍的個性」(Universal Personality) の持ち主です。それゆえに個性を存分に発揮して、互いに敬愛と叱咤、調和と活力ある世界を展開します。そこには共尊共生の、人類理想の世界があります。

問　「𑖀《ア》本来不生《ほんらいふしょう》・本有常住《ほんぬじょうじゅう》」とは何ですか？

答　宇宙は無の空間ではありません。万物を生み出す「如意宝珠《にょいほうじゅ》」（真陀摩尼 cintāmaṇi）であり、これを「虚空蔵」といいます。

宇宙も私どもの命も、𑖀《ア》字大日如来の無始無終・主客未分の大生命から出生し、本来不生・本有常住なものです。

近年ようやく、宇宙物理学はダークマター（暗黒物質）の存在、インフレーションやビッグバンの理論を発見しましたが、大乗仏教集大成としての密教経典、三世常恒《さんぜじょうごう》・宇宙遍在の『大日経』が、七世紀に初めて人類の文字となったとき、すでにこの発想が説かれており、さらなる深奥を知っているのです。

問　「曼茶羅《まんだら》」とは何ですか？

答　「輪円具足《りんねんぐそく》」「真髄を有するもの」の意味で、覚りの境地を顕教では不可説としますが、密教ではこれを図絵《ずえ》して図絵曼荼羅といいます。『大日経』をもとにした胎蔵《たいぞう》曼荼羅、『金剛頂経』をもとにした金剛界《こんごうかい》曼荼羅の総合的な両部の曼荼羅と、また部分的な曼荼羅、そしてその尊格を尊形《そんぎょう》・梵字《ぼんじ》・三昧耶形《さんまやぎょう》などで表現するものもあります。それは私どもの本来具えている仏性《ぶっしょう》の多様な徳を表現したものであり、また同時に多様な覚りの視覚化であり、さらには多様な覚りを開いた人々の調和のある真の極楽世界・密厳国土でもあります。

問　「菩提心」とは何のことですか？

答　悩みを脱して菩提（覚り）に至りたいと願う心です。覚りが最高の幸せであると実感したとき、初めて菩提心がおこったことになります。

「オン　ボウジシッタ　ボダハダヤミ」（発菩提心の真言）

問　「印」とは何のことですか？

答　覚りの境地から、身体や手のジェスチャーとして表現されたものです。そこには仏菩薩の誓願が表現されているのです。

問　「即身成仏《そくしんじょうぶつ》」とはこの身のまま仏となることだと聞いていますが、それはどういうことですか？

答　現世にこの身で悟ることです。全宇宙との一体感によって、普遍的個性としての主体性が確立します。自我や偏見からくる苦悩の闇から解放され、自由で新鮮な命の漲る、輝く世界のまっただ中で大いなる命に生かされている喜びが湧いてくるのです。

　この、すべての存在は大いなる一つの命（大日如来）につながって生かされている（三昧耶戒《さんまやかい》）という一体感のゆえに、他者も自己と同様に愛する利他の心が自然に起こってきます。これを同体大悲《どうたいだいひ》といい、あるいは「慈悲」

といいます。

問　真言密教でいう「同行二人《どうぎょうににん》」とは何のことですか？

答　衆生救済の永遠の三昧に入った大師が、常に私の側に寄り添ってくださるという信仰です。

問　真言密教で行う「加持祈禱《かじきとう》」はどういうものですか？　またこれは現世《げんぜ》利益《りやく》を否定するお釈迦様の教えに反するのではないですか？

答　祈りの加持感応《かじかんのう》によって本来具《そな》わっている可能性を開発するのが密教の祈禱であり、最高の幸せは覚りにある、と心にすえて、経済・健康を調えつつ覚りに向かうのです。釈尊が否定したのは自我による執着です。

問　真言密教の戒律はどういうものですか？

答　密教の戒は、すべての存在は大いなる命につながって生かされている、という三昧耶戒が基本です。ご真言は「オン　サンマヤサトバン」です。ゆえに殺生・盗み・邪淫・妄語・綺語《きご》・悪口《あっく》・両舌《りょうぜつ》・貪り・怒り・偏見をしないという十戒は在家の戒であり、出家者にはさらに、正法《しょうぼう》を守る、菩提心を捨てない、その人の宗教的段階に応じた教えを授ける、一切の衆生を救済してやまない、のなすべき四つの勧戒があり、これを「四重禁戒《しじゅうきんかい》」といいます。

問　「入我《にゅうが》我入《がにゅう》」とは何ですか？

答　三密瑜伽により本尊と自己が融合体験することによって、自我の確執の殻が破れ、本来の自己自身が開顕し、本尊の普遍的個性としての人格となります。これが覚りです。

問　「三力《さんりき》」とは何ですか？

答　字の如く、行者自身（我）の三密瑜伽行による功徳力《くどくりき》と、これに感応して起こる如来加持の力と、この両者を結ぶ本体である法界力《ほうかいりき》の三つの力が、互いに加持感応して念願が成就します。密教は自力だけの行ではないのです。

問　「三平等《さんびょうどう》」とは何ですか？

答　自心と仏と衆生、身口意の三密、理行果、仏法僧の三宝《さんぼう》、法報応三身《さんじん》の三平等、これらの三者は各々異なるように見えますが、その本体は平等一味です。

三　真言密教の特色は何か？

問　顕教と密教の違いは何ですか？

答　顕教は迷った者の立場で覚者が覚りを説きます。密教は悟った者同士の対話です。自受法楽《じじゅほうらく》で覚りの境界そのものを語り合い、その法悦を味わうのです。

問　仏教教主の釈尊は密教ではどのような存在ですか。

答　釈迦は人間の説法を聞いて悟ったのではありません。ブッダガヤの菩提樹下瞑想において、全宇宙大日如来の真実の声を全身心で聞いて悟ったのです。ゆえに、この大日如来を教主とし、釈尊はその声を最初に聞き悟った人格と見ます。顕教は釈尊の語った人類の言葉を拠り所としますが、密教は教主大日如来の全宇宙遍在の言葉を三密瑜伽行によって直接聞こうとするものです。

問　真言密教では大日如来が教主ですが、曼荼羅にもあるように、いろいろな神仏も拝むと聞きました。真言密教は一神教ですか、多神教ですか？

答　諸尊の各々の徳を一身に具えているのが大日如来（一神）であり、衆生の種々の願いに対応して大日如来から示現《じげん》したのが曼荼羅諸尊（多神）であるので、一神即多神・多神即一神教です。

大日如来は一神ではありますが、単一神ではありません。母性的胎蔵大日如来と、父性的金剛界大日如来の、相対する二神のバランスある一神なのです。これは大日如来がその一身の中に金・胎の両方の性格をもっているためであり、二つありますが、本体は不二一体であり、金・胎大日如来の関係は二而不二《ににふに》であるところに深意があるのです。矛盾的自己同一。

問　「師資相承《ししそうじょう》」とはどういうことですか。

答　師である密教の阿闍梨《あじゃり》から弟子へ面授、あるいは講伝・伝授によって密教を伝え継承していくことです。密教は人から人へ伝えるもので、書物を読んで知識を得ても、真の密教を学んだことにはなりません。

問　日本では密教として、真言宗の密教（東密《とうみつ》）と天台宗の密教（台密《たいみつ》）があると聞いていますが、その相違は何ですか？

答　東密とは東寺（教王護国寺）を中心とし、後に高野山、京都等の各山へと展開した弘法大師空海の確立した密教をいいます。全仏教を広大な真言密教の中に包摂し、止揚《しよう》（アウフヘーベン）しました。台密とは、比叡山を中心に伝教大師最澄の提唱する密教で、中国天台に密教と禅などが組み込まれ、総合仏教としての日本天台教学が樹立されました。

問　真言密教の瞑想とインドの「ヨーガ」との相違は何ですか？

答　ヨーガ（yoga）には「結びつける、相応」という意味があります。インドではブラフマン（Brahman 万有創造主）とアートマン（ātman 自己）とが瞑想によって合一を目指す「梵我一如《ぼんがいちにょ》」の瞑想法があり、またその調身・調息を重視するハタ・ヨーガ（Haṭha-yoga）などがありますが、いずれも自力的要素が強いものです。それに対し真言瞑想は、身《しん》（印）と口《く》（真言）と意《い》（観念）の三密瑜伽の行法により、本尊と法界と自己との三力加持《さんりきかじ》によって、本尊と自己が融合する瞑想法です。

問　真言密教の瞑想と上座《じょうざ》仏教の瞑想との相違は何ですか？

答　上座仏教の瞑想は、現象界の万物・人間を無常・不浄と観じて執着を離れ、涅槃寂静の境地に入るものです。真言密教の瞑想（阿字観瞑想）は、その根底に常住不変（本有常住《ほんぬじょうじゅう》）・本来清浄の極意を徹見するものです。上座部は煩悩を否定し、自己一人の覚りが基本です。真言密教は衆生の身口意の三業を生かし、一切衆生と共に悟ることを願うものです。

問　真言密教の瞑想と禅との相違は何ですか？

答　禅には、思慮分別を捨ててひたすら坐禅する曹洞禅と、禅語を全身心で思索坐禅して分別を捨てる臨済禅があります。人間の行為は身と言葉と思念の三業です。これを仏の印（身）と真言（言葉）と観念（思念）の三密を駆使する三密瑜伽の瞑想によって、全身で仏そのものとなるのが密教の瞑想です。その最も簡略なものが阿字観です。

問　修験道《しゅげんどう》は真言密教とどういう関係がありますか？

答　修験道は日本固有の古代からの山岳信仰で、大峰、熊野、葛城、白山等の霊場がありますが、奈良時代には密教の儀礼を取り入れた当山派、本山派などが形成されました。

問　アニミズムと真言密教でいう「山川草木悉皆成仏《さんせんそうもくしっかいじょうぶつ》」との相違は何ですか？

答　アニミズムは、動植物や自然現象にも私たちと同じように霊魂（アニマ精霊、魂）があると考える一種の土俗信仰です。真言密教では、存在するすべてのものは叡智と慈悲を具えた大日如来の示現と考えており、その背景には高度な理論体系があるのです。

問　真言密教では日本の神様（神道《しんとう》）に対し、どのように考えていますか？

答　日本古来の神道は、自然界には八百万《やおよろず》の神が存在するとし、それぞれ特定の山、川、木、石等を神として崇拝します。十二世紀頃になると、日本では曼荼羅諸尊と八百万の神々とが互いに権化《ごんげ》する関係として説く両部《りょうぶ》神道《しんとう》の思想が生まれました。

問　真言密教の瞑想と自律訓練法との相違は何ですか？

答　どちらも心の平静な状態で種々の観念をなすため、類似していると思われるかもしれませんが、まったく別物です。自律訓練法の基礎は催眠状態ですが、密教瞑想は三昧にあります。自己催眠では心療効果はありますが、境地は開けません。催眠状態に入らないためにも、法に従って調身・調息を正しくすることが大事です。

四　真言密教を日常生活に生かす

問　真言密教で、一般の人間でも覚りに至ることはできますか？

答　真言密教には「阿字観」という瞑想法があり、これは一般の方でも実修できるもので、これも覚りに至る確かな道です。

問　科学の発達は人類にとってプラスとマイナスの両面があり、このまま進めば人類破滅の危険があります。どうすればよいのでしょうか？

答　科学それ自体は善でも悪でもなく「無記《むき》」です。それを用いる人の用い方によって、善となり悪となるのです。科学を善にするには、人類は今よりも進歩しなければなりません。それは、大自然も人類も一つの大きな命につながって生かされている、という意識をもつ人類に進化することです。それには阿字観が国家や民族、宗派を超えて大いに役に立ちます。

問　地震や台風など、自然災害に対してどのような態度で臨めばよいのでしょうか？

答　正面から苦難と取り組むことです。もし死に直面したときはあわてることのないよう、常々、思索を深めておくことです。臨終の一念は死後の行方に大きな影響があります。阿字の一念に住して阿字のふるさとへ帰るのです。

問　親と子はどういう関係がありますか？

答　親と子は両者の業が引き合って親子の関係になるのです。偶然ではありません。

問　結婚はどうして祝福されるのですか？
答　人格として正しい性が結ばれることであり、宇宙自然の法則だからです。正しい性は祝福されるべきであり、性を汚すのは自我欲です。その理想は二而不二《にふに》です。

大日如来には、『大日経』の胎蔵法と『金剛頂経』の金剛界の二つの異なった要素があり、そのバランスがよく保たれていることが全体の調和を生むのです。父性と母性との間にバランスがあるように、一般社会にもバランスが必要です。

以下に、さまざまなバランスを示しておきます。

〈真言密教　大日如来〉
胎蔵…慈悲　静　身体をもった心　蓮華　安定　求心力　母性的原理
金剛…智慧　動　思慮する心　月輪《がちりん》　展開　遠心力　父性的原理

〈身　体〉

胎蔵……右脳　副交感神経

金剛……左脳　交感神経

〈一般社会〉

能力　成果　労働　効率　体力　活動　自利　個性

地位　収入　給与　瞑想　知性　休養　利他　普遍性

問　煩悩は捨てるべき悪いものと思われますが、真言密教で「煩悩即菩提《ぼんのうそくぼだい》」というのはどういうことですか？

答　煩悩のもとは生命欲です。これが自我を通れば煩悩となります。動物の欲は性と食であり、これによって個と種族を保ちますが、必要以上に他を殺したりしません。人類は本能から自我が出て我欲となります。生命欲は本来善です（大欲清浄《だいよくしょうじょう》）。

真言密教でいう「煩悩即菩提」は、煩悩が即ち菩提である、ということではありません。火（覚り）は木（煩悩）が転じて火となるのです。煩悩と菩提（覚り）は同時に併存できない相互否定・逆限定の関係です。しかし覚りの素材は煩悩であり、そこを「即」といいます。煩悩から目を逸らさず、正面から取り組み超克するのです。失敗はそれが生かされなければ失敗です。しかし失敗により新たに発見し、大発明になれば、失敗こそ成功の材料となります。

問　日本では真言密教や仏教の寺院で先祖供養をしていますが、なぜするのですか？

答　死者は自力で向上することはできません。残された子孫の志すお経による廻向によってのみ向上することができるのです。お経には、人類の言葉を超えた善きパワーがあります。先祖に対する感謝の念が基本になくてはなりません。

問　輪廻転生《りんねてんしょう》はどう対処すべきでしょう？

答　輪廻転生するからといって問題を次の生に先送りしてはいけません。この生で覚りを目指すことです。

問　真言（マントラ）はどのように発音すればよいのでしょうか？

答　もとのサンスクリットでも悉曇《しったん》文字として表記してありますが、基本的に日本語で書かれた発音で発音します。これは現在伝授されており、千数百年にわたり真言宗の僧侶が唱え続けてきた歴史があるからです。

問　真言密教を実践的に学びたいときは、どうすればよいですか？

答　求聞持法や護摩行《ごまぎょう》などは段階を踏んだ専門実修過程を必要とします。一般の方がすぐに実修できるものとして、先の阿字観瞑想があります。本書所収のＣＤと、それを活字化した「第Ⅱ部　実践篇」によって、各自での自習が可能でありますが、必ず正師《しょうし》の指導を受けておいてください。また護摩行は研修という形で参加できる場合もあります。

問　天国、極楽浄土とはどういうところですか。

答　『無量寿経《むりょうじゅきょう》』などには極楽は楽のみあって苦はなく、常に気候は快適で食事に不自由はなく音楽が奏でられて楽しい、という表現がされています。しかしもし、このような生活が数カ月数年続けば、実に退屈この上のない生活となるでしょう。これは真の極楽浄土ではなく、天上界です。天上界は地獄・餓鬼・畜生・修羅・人間・天上の六界の中の最上界ではありますが、六道は輪廻の世界です。迷える衆生の想像できる理想郷は天上界であって、真の天国である極楽浄土は想像できないから、このような表現をしたのです。

人類の多くはこの虚構（幻想）の天上界を求めて空しい苦闘を繰り返しています。早く目醒めねばなりません。密教の曼荼羅はまさに活力と調和の充実した極楽浄土の視覚化です。

五　真言密教の瞑想法とは？

問　覚りとはどのような境地をいうのですか？
答　覚りとは「如実知自心《にょじっちじしん》」である、と『大日経』に説かれています。「実の如く自心を知ること」（"Knowing one's own mind as it truly is"）です。
問　その自心とは何ですか？
答　「阿字本不生《あじほんぷしょう》、本有常住」です。つまり、宇宙の本源につながっている主体的個性です。この目に見えない本当の自心はどのような色、形、大きさをしているのでしょうか。どのようにして知ることができるのでしょうか。
その答えは阿字観本尊にあります。

問　𑖀《ア》とは何ですか？

答　真言密教では、宇宙的スケールをもち、あらゆる徳を具えた存在として、「ア」すなわち大日如来を崇拝しますが、それは大宇宙人格であり、あらゆる世界宗教が崇拝する本源的存在と共通する存在です。密教では、それは本来の自己自身です。

問　真言密教瞑想法とは何ですか？

答　真言密教には、教理とそれを実践体得する三密瑜伽の瞑想法があり、この三密瑜伽行を真言瞑想とか真言密教瞑想法といいます。この行は複雑多様、高度で、真言僧でなければ授けられません。

　これを最もシンプルに凝縮し、簡潔にした形の阿字観も長い間、ごく一部の阿闍梨の間で密かに実修されていました。しかし、二十世紀後半になって密教瞑想法、あるいは阿字観として在家の方も伝授・実修できる形に調え、次第に広がりつつあります。（注1）シンプルではありますが、『大日経』の胎蔵の慈悲を蓮華に、『金剛頂経』の智慧の光を月輪に三昧耶形として、両部大経のエッセンスが凝縮されています。

真言密教瞑想法の阿字観の中には「月輪観《がちりんかん》」「阿息観《あそくかん》」「経行《きんひん》」などがあります。

（注1）　山崎泰廣著『密教瞑想法』（永田文昌堂）、同『密教瞑想と深層心理』（創元社）、同『真言密教 阿字観瞑想入門』（春秋社）等がある。

問　阿字観をするとき、法界定印《ほうかいじょういん》をするのはなぜですか？

答　印は三密瑜伽行の中の身密に当たり、重要な要素の一つです。法界定印は、阿字観の原典である『大日経』の教主・胎蔵大日如来の印です。印相は仰げた左手の掌の上に、仰げた右の手を重ね、両親指の先は、着くか着かぬかほどにする（口伝《くでん》）。
インド人の一般の日常生活では、食事は右手で、排便の処理は左手で行うので、右手は清浄、左手は不浄の観念があり、密教では右手は仏界、左手は衆生界とする。両手の五指は小指から親指へと順に、地・水・火・風・空とします。この両手と十指の組合せによって多くの印が結ばれます。
法界定印は、右手の五指は仏界の五大、左手の五指は衆生界の五大、この二手を重ねて、衆生界と仏界の一体を表す。親指の空大の不着不離は融通無碍《ゆうずうむげ》を示します。その形は生命を育てる静安の胎蔵であり、そして万物を生み出す如意宝珠であります。まさに宇宙法界が慈悲に満ちた静安の境界に住する印であり、阿字観に最もふさわしい印なのです。

問　阿字観をもっと詳しく説明するとどうなりますか？

答　梵字の「ア」の一字に、自身の本不生《ほんぷしょう》を徹見し、自己の本源である大日如来の根本大生命を己が心として、創造的に生き抜く密教瞑想法です。
図絵された阿字観本尊は、私ども一人ひとりに具わっている本来の心を視覚化したもので、その心は大宇宙の生命大日如来とつながって生かされています。

阿字観本尊は、梵字の𑖀《ア》字という種字《しゅじ》、蓮華と月輪の三昧耶形からなり、尊形《そんぎょう》は大日如来ですが、尊形は図絵していません。自心の所在・色・形・大きさですが、まず三昧耶形である蓮華を考えましょう。

蓮華は泥のように濁った現実社会で、心は濁ってしまったように見えても、その深いところにある本心は蓮華のような清らかさを決して失うことはありません。月輪は群雲に覆われれば、曇ったり、見えなくなってしまうことがありますが、私どもの本心は本来の月の如く、本来の智慧の光は決して失うことがないところの心を視覚化したものです。私どもの本来具えている仏性を蓮華と月輪によって表現しているのです。

さらにはインドでは、心は体をもった心（フリダヤ hṛdaya）と、形をもたない、考えることのできる心（チッタ citta）から成り立っていると考えており、漢訳ではどちらも同じように「心」と訳されています。私どもの心は確かに体にある、と考えられていますが、体は六十兆の細胞単位で代謝していることが、近年ようやくわかるようになってきました。しかし心は持続しています。これがチッタです。

では、チッタは体の大きさでしょうか。手足を失うと心はそのぶん小さくなるのでしょうか。チッタはフリダヤに重なっていますが、その光明を奪い覆うのは煩悩であり、その大小はその人の心量によって限定されます。それは世俗的な地位や財産ではありません。釈尊やキリストや弘法大師は宇宙大です。

そこで阿字観を瞑想する場合、まず外にある掛け軸本尊によって自心を対象化して、ちょうど鏡で自分の顔を確認するように外に観じ、次に胸中に一《いっ》肘量《ちゅうりょう》の大きさとして観じ、瞑想が進んでくると、この一肘量の月輪を次第に宇宙大に広げる実修を行います。

問　阿字観本尊の阿字・蓮華・月輪を観想すれば、なぜ悟れるのですか？

答　覚りに至るために知る「自心」とは、迷いによって形成される自我以前の純粋な自己です。迷える以前、先験的ということで「本来不生」を表す「𑖀《ア》」で示し、これを大宇宙に遍在する一なる大日如来の梵字としているのです。

私ども一人ひとりは普遍にして一なる大日如来の個としての分身であり、その根底は大日如来とつながっています。これを自我によって遮断するところから悩みと争いが生じたのです。この自我の殻を破れば、普遍性をもった確たる個性が確立します。これを「覚り」といいます。蓮華は覚りの慈悲の徳、月輪は覚りの智慧の徳を表しています。

さらには、私どもは身と心から成り立っています。身は六十兆の細胞が常々、新陳代謝しながら維持されており、数年前の身とはまったく入れ替わっていますが、心は一貫して継続しています。この身を蓮華とし、見えない心は蓮華と重なる直径約四十センチの月輪とします。心は無限定であり、これを限定するのは自我の心量によります。

この月輪を次第に拡大して自我の殻を破り、本来の宇宙大を観ずるのを広《こう》観《かん》といいます。このような教理を背景とし、実修により本尊と入我我入するとき、本来の純粋な自心が開顕して悟境が開かれるのです。

問　月輪観がありますが、なぜ月輪を使って瞑想するのですか？

答　私どもに本来具わっている菩提心に相応しているものとしては、澄み切った夜空に浮かぶ円《まど》やかな満月の清涼な光がふさわしく、この満月を全身心で感覚的に瞑想することによって、本来の菩提心が現前してきます。つまり「如実知自心」となるのです。

問　𑖀《ア》はどのように発音するのですか？

答　姿勢を調え、お腹をひっこませながら、宇宙の本源から地底を通り、この私の下腹を通り、胸・喉・口へと自然に出てくる声で、それは宇宙の果てにまで至るのです。

問　悟るためには教理と実修が必要とされますが、どのような関係がありますか？

答　知目行足《ちもくぎょうそく》という言葉があります。覚りの目標地点をまず教理によって知り、次にその目標に向かい、実修によって一歩一歩近づいていくと考えられますが、境地が進んでいくと、最初に見えた地点がどんどん移動していきます。しかし、それによってますます本当の覚りに近づいていくことができるのです。

問　阿字観という瞑想法はいつ、どこで、誰が作ったものですか？

答　原点は『大日経』にありますが、日本において弘法大師以後、密教の諸師によって次第に形を整えながら展開してきました。

問　瞑想中に妄想、奇瑞のようなものが現れた場合、どうすべきですか。

答　起こってきた妄想は、流れる雲のようにそのままに捨て置き、呼吸を調え、観想に集中します。奇瑞には魔境と真の奇瑞の場合があります。一喜一憂せず、淡々と如法に瞑想を続けるのです。

問　阿字観をすれば悟れるといいますが、その過程にも何か効果がありますか？

答　覚りに至る過程において、健康増進、ストレスの解消、人間関係の調和、自律神経の調制、直観力の開発等に寄与します。たとえば、調息ひとつとってみても、長くゆったりとした呼吸を腹部を意識しながら行うことで、穏やかな気持ちになり、心が安らぎ、身体も浄化されます。血圧が高い方も浄化呼吸法をされるだけで血圧が下がる方が多くおり、心と身体の安定に寄与します。

問　「阿字観行者　日常の心得」と阿字観では、どういった関係がありますすか？

答　阿字観には「次第」に従って道場で修する「略観」という形と、日々行住坐臥に憶念するところの「広観」とがあり、「日常の心得」は後者にあたります。

問　真言密教瞑想で心がけることは何ですか？

答　必ず正師に伝授を受けることです。「悟ることが最高の幸せである」という確たる心を起こすことに努力します。学んだことを焦らず怠けず、毎日、淡々と続けます。ストレスの解消や心療的効果や不思議体験をすることもありますが、この世で、この体で悟ることが最高の幸せであるのです。

道場案内

○高野山阿字観教室

在家の方のためには、高野山研修道場で入門・月輪観・阿字観へと進んでいくコースがあります。

阿字観は超宗派であるので、何宗・何教の方でも受講できます。その他、真言宗の各本山、各寺院でも行っている所があるので、本山へお問い合せください。

電　話　０７３６－５６－２０１１（代）
　阿字観教室は内線１５０、月例阿字観は内線１２８

ＦＡＸ　０７３６－５６－４６４０

ホームアドレス　http://www.koyasan.or.jp/

メールアドレス　ajikan-kyoshitsu@koyasan.or.jp（阿字観教室専用）

お申し込み

〒６４８－０２９４　和歌山県伊都郡高野町高野山１３２　高野山阿字観教室係まで郵便、ＦＡＸ、またはメールにてお申し込みください。

なお、阿字観本尊は高野山阿字観教室でお求めになれます。

○総本山智積院真福寺阿字観会

真福寺阿字観会は、どなたでも参加できます。約一時間、日常の喧噪を離れ、心も体も清々しくなっていくこの瞑想を皆さんも味わってみてはいかがでしょうか。

参加のお申し込み、お問い合わせは、真福寺内、智山教化センターまでお願いいたします。

〒105－0002　東京都港区愛宕1－3－8
真言宗智山派総本山智積院別院真福寺内
智山教化センター
TEL　03－3431－5218　FAX　03－3431－5219
真福寺ホームページアドレス　http://www.chisan.or.jp/chisan/sinpukuji
智山教化センターメールアドレス　kyoukac@shinpukuji.or.jp

なお、阿字観本尊は真福寺阿字観会でお求めになれます。

あとがき

最近は若い人たちの間でも「阿字観」に興味をもつ人が増えているという。日常の喧噪を離れ、ひとり静かに自分の内面を見つめてみたい、ということのあらわれであろうか。坐禅やヴィパッサナー瞑想とならんで、一般の人たちが比較的身近に実修できる密教瞑想法のひとつとして、いま「阿字観」に世間の注目が集まっているのかもしれない。

著者はすでに何冊かの阿字観瞑想の解説書や実修指導書を世に送り出し、さらに阿字観瞑想のＣＤやビデオ制作にもかかわることで、長年にわたり、阿字観の普及に努めてきた。

阿字観の実修に必要な要素、すなわち解説書・実修指導書・ＣＤの三つを一冊に集約したものが、この『ＣＤブック 実践・阿字観瞑想法』である。したがって、本書は今までの成果のひとつの結実といってもよいであろう。

これから、阿字観を学び、実修されたいという方に、本書が大いに役立つことを願わずにはいられない。

本書の刊行にあたり、多くの方々にお世話になった。

本書所収のＣＤ制作の当時の担当者であった堀内健一郎氏（元日本フォノグラム）には、ユニバーサルミュージックとの橋渡しをしていただいた。また、ユニバーサルミュージックの現担当者、川越浩氏にはＣＤの本書収録にご尽力いただいた。

「第Ⅲ部 質疑応答篇」では、池口豪泉師に真言密教の本質に関するさまざまな良い質問を出していただいた。

そして最後になったが、春秋社の神田明社長と編集を担当された桑村正純氏には終始温かいご配慮をたまわった。以上の方々に深く謝意を表したい。

平成二十四年六月吉日

山崎泰廣

CDコンテンツ

1 2 阿息観

3 4 月輪観

5 6 阿字観

＊各瞑想法導入に東寺御影堂の密教法具の音
　阿字観の一部に尺八秘曲「阿字観」を併収

7 空海請来五鈷鈴の振鈴

＊この五鈷鈴は東寺所蔵の国宝

〈録音データ〉

1〜6 各瞑想法（山崎泰廣）
〔1976年10月7日　高野山真別処〕

尺八秘曲「阿字観」（松井幸造）
〔1976年10月8日　高野山真別処〕

東寺御影堂密教法具（砂原透遍）
〔1977年2月1日　教王護国寺御影堂〕

7 空海請来五鈷鈴の振鈴（山崎泰廣）
〔1977年3月8日　国立文化財研究所〕

山崎泰廣（やまさき たいこう）
1929年、神戸市に生まれる。54年、高野山大学大学院密教学科修了。宮島弥山で虚空蔵求聞持法成満。傳燈大阿闍梨。密教学芸賞受賞。高野山真言宗大僧正。高野山阿字観指導者養成講習会伝授阿闍梨。碩学。
現在、種智院大学名誉教授。真言宗常光院名誉住職。〔1968年より、密教の源流と瞑想に関する研究・修行・講義のためインド・ネパール・タイ・カンボジア・スリランカ・中国・アメリカ・イタリア・スイスなどを踏査。〕
主著には『密教辞典』（共編、法蔵館）、『密教瞑想法―密教ヨーガ・阿字観』（永田文昌堂）、『密教瞑想と深層心理―阿字観・曼荼羅・精神療法』（創元社）、『真言密教 阿字観瞑想入門』『CDブック 実践・阿字観瞑想法』『宇宙からのメッセージ 大日経は語る』『山崎泰廣 講伝伝授録〈全3巻〉』（春秋社）、『Shingon Meditation 真言密教瞑想への誘い』（六大新報社）、『SHINGON—JAPANESE ESOTERIC BUDDHISM』（SHAMBHALA）、等があり、ビデオには『阿字観―密教瞑想法』（高野山出版社）、『密教の瞑想―阿字観』（ミュージック東京）等がある。

CDブック **実践・阿字観瞑想法**

2012年7月30日　初　版第1刷発行
2023年11月20日　新装版第1刷発行

著　　者　山崎泰廣
発 行 者　小林公二
発 行 所　株式会社 春秋社
〒101-0021　東京都千代田区外神田2-18-6
電話　03-3255-9611（営業）
　　　03-3255-9614（編集）
振替　00180-6-24861
https://www.shunjusha.co.jp/
装 幀 者　鎌内　文
印刷・製本　萩原印刷株式会社

ISBN978-4-393-97050-8　定価はカバー等に表示してあります

山崎泰廣

真言密教　阿字観瞑想入門

宇宙の根源である「ア」字に心を集中し、宇宙と一体化しようとする阿字観は、真言密教の基本的な瞑想法。その阿字観を中心に阿息観、月輪観等を丁寧に解説した恰好の入門書。　1980円

山崎泰廣

阿息観呼吸法

自律神経を整え宇宙意識につながる

阿息観は誰でも容易にできる簡単な密教の呼吸法。自律神経を整え、心を落ち着かせる効果が抜群のため、ストレスの多い現代人に大いに役立つ。その実践法と基本思想を解説。　1650円

地橋秀雄

実践　ブッダの瞑想法　DVDブック

はじめてでもよく分かるヴィパッサナー瞑想入門

初心者のためのヴィパッサナー瞑想入門、待望のDVD化！　実際の瞑想のやり方をヴァリエーション豊かな映像から学ぶことで、くり返し、より具体的にその真髄を理解できる。　2750円

村木弘昌

白隠の丹田呼吸法

『夜船閑話』の健康法に学ぶ

白隠禅師の不朽の名著『夜船閑話』を、仏教にも造詣の深い医学博士の著者が、自らの呼吸法の実体験にもとづいて、科学的な立場から徹底的に解説をほどこした画期的な書。　1980円

椎名由紀・横田南嶺

ZEN呼吸

「健康」は白隠さんから

「健康」の源流は、江戸の禅僧・白隠にあり！『夜船閑話』にある「内観の法」と「軟酥の法」を、現代に合わせてメソッド化。今こそ〈禅〉との対話を通じて学びたい、真の健康法。　1760円

※価格は税込(10%)